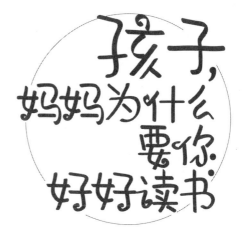

一次与孩子关于学习的对话

闻芳 ★ 著

北京理工大学出版社
BEIJING INSTITUTE OF TECHNOLOGY PRESS

版权专有 侵权必究

图书在版编目 (CIP) 数据

孩子，妈妈为什么要你好好读书：一次与孩子关于学习的对话 / 闻芳著 . —北京：北京理工大学出版社，2018.8（2021.9重印）

ISBN 978-7-5682-5835-7

Ⅰ. ①孩… Ⅱ. ①闻… Ⅲ. ①中小学生 - 家庭教育 Ⅳ. ① G782

中国版本图书馆 CIP 数据核字（2018）第 135649 号

出版发行 / 北京理工大学出版社有限责任公司

社　　址 / 北京市海淀区中关村南大街 5 号

邮　　编 / 100081

电　　话 /（010）68914775（总编室）
　　　　　（010）82562903（教材售后服务热线）
　　　　　（010）68944723（其他图书服务热线）

网　　址 / http://www.bitpress.com.cn

经　　销 / 全国各地新华书店

印　　刷 / 唐山富达印务有限公司

开　　本 / 880 毫米 × 1230 毫米　1/32

印　　张 / 3.25　　　　　　　　　　　　　　责任编辑 / 李慧智

字　　数 / 49 千字　　　　　　　　　　　　　文案编辑 / 李慧智

版　　次 / 2018 年 8 月第 1 版　2021 年 9 月第 11 次印刷　责任校对 / 周瑞红

定　　价 / 36.00 元　　　　　　　　　　　　责任印制 / 施胜娟

图书出现印装质量问题，请拨打售后服务热线，本社负责调换

序
妈妈的每一句唠叨，都是对你最深沉的爱

某个"回家周"返校时，我在校门口遇到了班上的一位同学，她一手拎一个大包，里面装满了各种各样好吃的。我打趣道："看来你老妈的'补给工作'做得蛮到位的，好吃的没给你少拿啊！在家也是顿顿大鱼大肉给你增加营养吧？"

"老师，你快别提了，我都快被我妈烦死了。"这位同学眉头皱在了一起，表情非常夸张，但是看得出，她确实很烦恼，"老师你说，我本来一个月就只放两天的假，终于可以放松一下了，结果一到家，我妈就不停唠叨，一会儿问我学习

怎么样,一会儿问我考多少分,一会儿又告诫我一定要好好学习……她是洗衣服的时候说,做饭的时候说,连吃饭的时候嘴也不闲着,简直是个复读机,我的耳朵都快被她唠叨出茧子了。老师,你知道我为啥这么早就返校吗?我实在是受不了了,还是赶紧回学校吧。"

"老师,家长是不是都这样啊?根本不管你在学校累不累,也不管你是不是想听,也不会想你是不是会产生反感,反正就是要让你好好学习,好好读书,还不停地在耳边唠叨,特别烦人。"

听了这个学生的话,我的心当下一沉。我很自然地想到,她妈妈对她说的那些话,我在家里,对自己的孩子有时候也会提及,甚至也没少说。

让孩子好好学习,似乎是每个父母的"通病"。

其实我能理解这个同学的感受。即使已经工作多年,成家立业,自诩能够以成年人的身份去对待周围的一切,但是当父母不断地在耳边念叨"你要好好照顾自己""别太忙了""要按时吃早饭""天冷了要多穿衣服"时,即使知道他们是一片好心,念叨得多了,依旧会产生烦躁的感觉。

而对这些还从未体会过社会艰辛、不知道生活有多不容易的孩子们来说,这种烦躁的感受只会更深。

这就是父母的矛盾所在:不唠叨,会把这份担心压在心底,怕孩子不好好学习，将来没办法考个好学校找个好工作；唠叨得多了，却又激起他们的逆反心理，让他们觉得父母根本不了解他们的内心，只会关注他们的成绩。

孩子，你的年纪还小，没接触过社会，你的世界里只有家和学校，不需要考虑太多，只要过好现在就行。但作为父母，不能只顾现在，不能不为你考虑未来。

孩子，你的年纪还小，很难体会妈妈的担心，也很难体会妈妈的苦心。你不知道，当妈妈忍不住说这些话时，自己内心也是很矛盾的。

很多人都知道触龙说赵太后的故事：战国时期，赵国的国君去世，于是他的夫人赵太后掌权。秦国入侵赵国，赵国向齐国求救，齐国提出让赵太后最宠爱的长安君当人质才肯出兵帮忙。因为宠爱长安君，赵太后怎么都不肯答应，于是左师触龙面见赵太后，对赵太后说，父母如果爱子女，就应该为他做长远的打算，如果不让长安君趁着这个机会为赵国做出贡献，现在赵太后活着可以庇护他，等死了之后，长安君又拿什么来在赵国立足呢？赵太后听了觉得很有道理，就将长安君送到了齐国。

或许对长安君来说，他的母亲太过残忍，让他在小小年纪就去另外一个国家当人质，过上朝不保夕的生活。但没有他母亲当时的残忍，又怎么换来他以后在赵国安稳富贵的生活呢？

赵太后不让长安君去齐国，是因为爱他；同样的，赵太后将长安君送到齐国，也是因为爱他。

所以，孩子，我想让你知道，妈妈每天在你耳边唠叨，并不是不关心你，恰恰相反，她正是因为关心你、爱你，才会不断地让你好好学习。

因为我们深知，不好好学习、不努力读书的人，虽然不排除一些人活得也不错，但是更多的人，过的是这样的一种生活：做着朝不保夕的工作，领着微薄的收入，每天为生存而奔波。他们根本没有时间也没有精力去好好地看看这个世界，去体会人生。没有哪一个父母，是希望自己的孩子将来过这样的生活的。

我们只是普通人，不能给你高高在上的权位，不能给你花之不尽的金钱。你将来想要的一切，都需要你自己去努力，去拼搏。而我们能做的，就是为你加油鼓劲，督促你努力学习，让你在长大成人之后，有足够的资本和底气，去面对这个社会。

或许，我们的沟通方法存在这样那样的问题，才让你感到厌烦，那些不足的地方，我们也会慢慢更改。但孩子，有些东西你应该知道，就像每天早上为你准备的早餐、每天晚上为你清洗的衣服、每次你生病时拿出来的药片一样，妈妈的每一句唠叨，都是对你最深沉的爱。

目 录

第一章 · 妈妈看重的不是你的成绩,而是你的人生 /I

　　学习是你自己的事情,作为父母,我们帮不上太大的忙,但作为父母,我们也无法袖手旁观,远远观望。所以孩子,原谅父母一次又一次的问你的成绩,也原谅父母一句又一句叮嘱你要好好学习,我们只能用这种单纯又幼稚的手段,来参与你的人生,来督促你上进努力。

第二章 · 孩子,你是在为自己读书 /II

　　子女总会长大,而父母终将老去,未来的你会是什么样子、过着怎样的生活,父母都已经无法再去参与。你荣华富贵、飞黄腾达,父母无法分享你的荣耀;你穷困落魄、潦倒失意,父母亦无法分担你的痛苦。孩子,你的未来掌握在你自己手里,你现在付出的一切,都是为了将来那个能过得更好一点的自己。孩子,你读书不是为了任何人,只是为了你自己。

第三章 · 妈妈让你读书，是希望你有更多选择的权利 /21

孩子，我要求你读书用功，不是因为我要你跟别人比成绩，而是因为，我希望你将来会拥有选择的权利，选择有意义、有时间的工作，而不是被迫谋生。当你的工作在你心中有意义，你就有成就感。当你的工作给你时间，不剥夺你的生活，你就有尊严。成就感和尊严，给你快乐。

第四章 · 读书是通向成功的唯一捷径 /31

通过读书，你可以学习前人成功的经验，也可以吸取前人失败的教训。孩子，你要明白，你在这个世界上遇到的绝大多数问题，都可通过读书找到解决的办法。读书不仅能缩短你探索过程中花费的时间，还能节省探索过程中的不必要投资。孩子，你要记住，读书不是通向成功的唯一途径，但它是唯一捷径！

第五章 · 从我的学生身上，我看到了读书真的能改变命运 /45

时至今日，读书依旧是改变命运的一种重要手段。如果你的家庭困顿，那么你可以通过读书寻求更多的出路，改变自己的处境；如果你的家庭富裕，那么你可以通过读书增长自己的见识，丰富自己的精神。对任何人来说，读书都能够或多或少地改变他的命运，让他拥有更好的生活。

第六章·孩子，你所憧憬和尊敬的，都是知识渊博的人 /57

有人说，腹有诗书气自华，事实也确实如此。我们憧憬着那些学识渊博的人，不仅仅是佩服他们拥有丰富的知识，做出了别人做不出的成就，更是敬仰他们强大的内心和无私奉献的精神，敬佩他们清澈而高贵的灵魂。

第七章·读书哪有那么难？它本来就是一件有意思的事情 /69

可能在你刚开始接触一本书、一门学科的时候，你会感觉很头痛，很烦躁，你会抗拒去阅读那些文字，会反感去学习那些知识，这些都是正常的反应。但是只要你克制自己的烦躁和抗拒，试着去接触它们，你就会发现，读书并没有你想象中那么困难，学习本身就是一件有趣的事情，随着学习的深入，你甚至会沉浸其中无法自拔。

第八章·孩子，加油！清华北大状元也是靠勤奋拼出来的！ /81

很多家长和学生都曾经问我，有的学生能考出那么高的成绩，真的是因为他们比别的孩子更加聪明、更加优秀吗？在我看来，那些成绩优异、能够考入一流大学的孩子们，或许在某些方面确实有着过人之处，但是他们能取得如此的成绩，更多的是还是靠着自己的勤奋与努力。

第一章
妈妈看重的不是你的成绩,而是你的人生

第一章
妈妈看重的不是你的成绩，而是你的人生

01

"二模"前的一个晚上，我正在书桌前准备教案，旁边的手机突然响了一声。我拿起来一看，居然是我的一个学生发给我的短信。

"老师，您睡了吗？如果您没睡，我可以和您聊聊吗？"

看到短信，我意识到这个学生可能遇到了什么事情，立刻就回复过去，告诉她现在我还没睡，有什么事情都可以和我说。

没用多长时间，那个学生再次给我发来了短信。

"老师，我现在特别痛苦，根本不知道该怎么办。明天就要'二模'了，我特别害怕，害怕自己考不好，害怕自己名次

下滑。我最近整宿整宿地睡不着觉，每天都感觉心口压着什么东西一样。白天没有食欲，明明什么都没吃但总觉得自己的胃是满的；晚上躺在床上，好像能听到时间一点一点走过去的声音，心里面总在想着：还有三天就考试了……还有两天就考试了……明天就要考试了……只要我一闭上眼睛，脑袋里面就全是这些东西，我简直快要崩溃了。"

这样患有"考前焦虑综合征"的学生不是没有，我以前也碰到过，但没有一个像她一般心理压力如此之大，从她的字里行间，我仿佛能感到那深深的无助与绝望。

我拿起手机斟酌着字句，开解她："你不需要给自己这么大的压力，一次考试的成绩代表不了什么。更何况，你平时学习非常刻苦，考试的时候只要放松心情，正常发挥，一定能考个不错的成绩。"

过了一会儿，那个学生又给了我回复。

"老师，您可能不知道，我爸妈对我的期望值非常高，自从我进入这个学校以来，他们就经常乐呵呵地和邻居说：我闺女将来肯定上清华，上北大，将来是要有大出息的。周围邻居也都特别羡慕我爸妈能有这么一个有出息的女儿。

"所以我一直都在害怕，害怕万一自己考得不好会怎样，万一自己考不上'211''985'大学又会怎样？我害怕面对父母失望的目光，也害怕周围邻居对我爸妈说：'你们不是成天说自己闺女有出息吗？也就这样罢了！'

"每次回家，我爸妈肯定先问我考试的成绩，然后就开始和我说一定要好好学习之类的理论。上次月考我下降了几个名次，回家之后他们就对我说你这样不行，问我是不是在学校里贪玩没有好好学习。那种质问的语气，令我当时差点哭出来。

"老师，有时候，我甚至觉得，父母对我的成绩，比我这个女儿还要看重。"

看着这位同学一条接一条的短信，我的心情非常沉重，不知道该怎样回答。

02

中国的父母，对孩子的成绩都非常关注。

这种关注甚至无关父母的贫穷富贵、出身高低，每一个父母，在自己的能力范围之内，都会让孩子上一个更好的学校、接受更高水平的教育。

这是父母的无奈，也是父母对孩子最深切的希望。

因为我们知道，一个孩子，想要拥有一个安定、顺遂的未来，读书是一条"捷径"。

孩子，并不是我们不知道你读书的辛苦，也不是我们不了解你内心的压力，但为了能够让你的人生更顺畅一点，为了让你的未来更美好一点，这些辛苦、这些压力，都是需要你去坚强面对的。

或许你真的很讨厌父母"以分数论英雄"，或许你也会因为父母太过关注成绩而觉得寒心。但我想让你明白，父母关注的，从来都不是试卷上那一个冷冰冰的数字，我们真正关心的，是你的未来。

我们不会关心你身边的同学考了多少分，也不想知道年级第一的那个学生是否还在蝉联冠军，更无心去关注邻居家孩子这次考试成绩究竟是上升了还是下滑了。我们关注的，只有你。

因为你才是我们的孩子，而他们不是。

我们不是因为你的成绩而关注你，而是因为关心你，才去关注你考试的成绩。

第一章
妈妈看重的不是你的成绩，而是你的人生

其实，无论是父母还是你自己，都很明白，分数本身代表不了任何东西。

但这并不意味着它没有作用，就好像人民币一样，它既不能吃，也不能用，但它却能在这个世界上充当很多物品的等价物。

我们关注你的成绩，也仅仅是因为，它能用最直观的方式，反映出你的学习成果，是你的努力最简单、最有效的体现。

孩子，我们并不害怕你考不好会给我们带来怎样的后果，我们也不害怕你成绩下滑亲戚邻居会用异样的眼光看待我们，甚至是嘲讽我们。

我们害怕的是，你可能会因为一时的失利，导致错过了某个机会，而无法过上自己想要的生活，也无法实现自己的理想。

我们害怕的是，你可能会因为没有考上一个好的大学，而只能泯然众人，在庸庸碌碌中过完一生。

我们害怕的是，你可能因为成绩不理想，而自暴自弃，在人生最美好的时间，荒废了青春，蹉跎了岁月。

我们害怕的是，当你某天回想起高中时代来，会泪流满面，会用充满悔恨的语气说"如果当时我更努力一点就好了""如果我当时能多考两分就好了"。

其实每每想到这些场面，我们也会难过得喘不过气来。

学习是你自己的事情，作为父母，我们帮不上太大的忙，但作为父母，我们也无法袖手旁观，远远观望。

所以孩子，原谅父母一次又一次地问你的成绩，也原谅父母一句又一句叮嘱你要好好学习，我们只能用这种单纯又幼稚的手段，来参与你的人生，来督促你上进努力。

03

我认识的一位母亲，卖掉了老房子，掏出了所有的积蓄，还从亲戚朋友处借了不少钱，倾家荡产，只为了买一处学区房，让孩子上一所不错的小学。

我知道的另外一位母亲，孩子高考在即，向单位请了一年的长假，搬到了学校附近，放下了一切的工作，只为了能就近照顾孩子，保证他的营养，全力迎战高考。

这样的事情不是个例。

每年的高考，我都能在考场外面看到成群结队的家长，在烈日下，在闪电暴雨中，或焦急，或沉默地等待着考试的孩子。

他们有的是带着自家做的营养餐过来,怕孩子这两天吃不好;有的手中带着各种药片甚至是急救箱,怕孩子突然发病或者闹肚子;更多的,仅仅是担心,大老远跑到这里,看看孩子。

或许他们什么也做不了,什么也帮不到,但我相信,他们那时候的心情,一定比考场内的学生们更焦急、更恐惧。

孩子,请相信我,在你人生的每一步中,你的父母一定比你压力更大、恐惧更深,你的每一个转折点,父母一定比你更加小心翼翼、瞻前顾后。

或许你会觉得,学习的路途是那么艰难,每一步都那么沉重。但我希望你能明白,在这条道路上,还有父母与你同行,为你披荆斩棘、遮风挡雨。

04

我想了很长时间,才给她回复过去。

"孩子,不要害怕成绩不好父母会责怪你,更不要恐惧偶尔考试的失利。坚强地面对考验,并且坚持不懈地学习,你终将迎来自己的荣耀。

"父母看重的,从来都不是你的成绩,而是你未来的人生。"

第二章
孩子,你是在为自己读书

第二章
孩子,你是在为自己读书

01

孩子,你有没有想过,你读书是为了谁?

02

在村子里,他的儿子算是个"明星"。村里人一提起他儿子,第一个反应就是把自己家的孩子叫过来:"看到没?这就是你的榜样!人家从小读书就好,考了好大学,找了好工作,现在又攒钱把房都买了!你要和人家学学,好好读书,将来也去大城市发展!"

他儿子从小就懂事，学习非常刻苦，成绩一直保持在全校前几名。但是他儿子的读书之路非常不易，那时候经济没有现在这么发达，农村普遍比较穷困。在儿子考上县里最好的高中的时候，按说家里人应该很高兴才对，但他却实在高兴不起来——因为家里实在太穷了，儿子如果上了高中，会增加一大笔费用，生活会变得更加拮据。他沉默了一整天，最后说："还是去上吧，要不然儿子也只能跟我一样，一辈子靠卖力气讨活。"

也不枉他拼了命地供儿子上学，儿子考上了上海一家名牌大学，毕业后进了一家上海的大公司，工资挺高，现在又自己攒钱把房子的首付交了，也算是在那个城市有了属于自己的家。

儿子想把他和老伴儿叫过去一起住，说现在生活好了，让老两口过去享享清福。

他想也没想就拒绝了，继续和老伴儿折腾自己家的一亩三分地。

后来村里人问他："为什么不去上海和儿子住在一起？"

他说："上海那个城市，挣得多，花销也大，我儿子现在确实挣钱了，但他还有房贷要还，将来还要买车、娶媳妇儿、

第二章
孩子，你是在为自己读书

养孩子，有的是需要往里填钱的事，钱总是不够的。我们老两口要是过去了，也没法找工作，挣不了钱光靠儿子养着？我们住在村里，花费小，找点活儿干就能养活自己。实在不行，我还能在地里种点花生、玉米吃呢，门口有点土也能种上青菜，几乎不花钱。

"他买的房子，再好、再大，也是他自己挣钱买来的，是他的家，将来他结婚了，自然会和老婆、孩子组成一个新的家庭。我现在住的这个房子，才是我自己一点一点盖起来的，才是我自己的家。

"我拼了全力供他念书，已经尽了自己的责任。他能读书，能通过自己努力跑出这个村子，甚至能在大城市有自己的立足之地，是他的本事，我们自然是为他高兴。孩子能过好自己的生活，我们就满意了。至于咱们自己，也好好过自己的生活，别给孩子添乱才是真的。"

03

医院里住进了两个老太太，她们被安排在了同一个病房。

先住进来的老太太,自从住院以来,身边亲属就没断过。她的两个女儿因为读书不好,初中毕业就不上学了,很早就和本地的小伙子成了亲。老太太平时都是轮流到两个女儿家住,这次住院,也都是女儿们跑前跑后。

相比起她,后住进来的老太太就显得有些寂寞。她也有两个孩子:一个儿子和一个女儿。她做了一辈子的教师,比较重视子女的教育,她儿子和女儿都考上了国内数一数二的大学,后来又出国留学,现在儿子留在了法国,女儿则跑去了新西兰。这次得病,因为不想儿女操心,她和老伴儿都没有通知他们,因此身边就只有老伴儿一个人照顾,老伴儿腿脚不利索,有时候老太太想吃口热饭,都要晚半个钟头送来。

两个老太太有时候聊天,先住进来的老太太问后住进来的老太太:"你说你得了这么大的病,身边连个照顾的人都没有,把儿女送出国,你后悔不?"

后住进来的老太太说:"我年纪都这么大了,没有多少年好活了,孩子们的日子却还很长。我不愿意因为自己所剩不多的日子,将他们的未来捆住,让他们只能停留在一个地方、只能活在固定的环境中。

"我供他们读书,让他们学习,不是为了让他们留在我身边，供养我、照顾我，而是希望他们能有一个属于自己的、多姿多彩的人生。

"既然他们选择了留在外面的世界，我和老头儿两个人，只会为他们感到高兴。我们俩早就立好了遗嘱，真有急病了，能救得回就救，救不回就放弃，绝对不能给孩子们造成拖累。孩子不是为了父母才降生到这个世界上的，他们不是父母的附庸，他们有他们自己的生活。

"所以啊，直到现在，我也没后悔过。"

04

上面两个并非故事，而是我听来的真实事例。

有的孩子总觉得，我们学习，是为了能够赚更多的钱，给父母更好的生活。其实，你努力学习，最大的受益人还是你自己，父母并不会因为你努力读书而受益。甚至有时候，孩子越优秀，父母能受到的益处越少。

我们来算一笔账吧。

如果你学习不好，那么你可能会在自己家附近找个工作，你将和父母住在一起，你和他们每天都会见面，他们生病需要你来照顾，他们吵架也需要你来调解。同样的，如果你是一个懂事的孩子，你还需要每天刷碗、洗衣服、打扫房间。

如果你学习一般，你的工作地有可能和父母在一个市区，你可以每个双休日回家一次，帮着父母干一点家务活儿，父母为了不打扰你的生活，不是需要住院的疾病，都不会通知你。

如果你学习比较好，你找工作的范围可能会扩大很多，你可能和父母在一个省内，那只能一个月或者间隔几个月回去一次，虽然你也会帮着父母干家务，但能帮上他们的，其实很少。你每次回家，都需要坐好几个小时的火车，来回一次最少需要两天的时间，只为了在家里睡一觉。为了不打扰你的生活，父母在家中发生的事情，尽量不会通知你。

如果你学习非常好，毕业之后很可能跑到大城市发展，和父母隔得更远，那你只能趁着长假期间回家，每年三次，和父母见面的日子变成了固定的数字。

如果你学习更好一点，那你可能会出国学习、交流，也有可能留在国外工作生活，那你只能每年回家一次甚至几年回家一次，父母只能通过手机或者电脑才能看到你的脸，家里发生了什么事，只会捡着让你高兴的告诉你。

第二章
孩子，你是在为自己读书

你读书考学工作之后，会有更宽阔的眼界，有更新鲜的生活，你可以和不同的人交朋友，你可以去品尝世界各地的美食，你也可以去看不同地方的风景，甚至，你还可能跻身最顶尖的圈子，和成功人士谈笑风生。

你可以在冬暖夏凉的写字楼里上班，也可以在下班后和同事朋友去酒吧小酌，还可以去电影院观看最新的电影或者听音乐放松，也可以逛逛商场，买一件价格不菲的衣服当作对自己努力工作的犒劳。当然，去周围寻找好吃的餐馆饭店，解锁城市的美食地图，也是必不可少的。

但孩子，我希望你知道，无论是你享受的冬暖夏凉的环境，还是你看的电影、听的音乐、吃的美食以及交的朋友，都只能化作滋养你自己的养分，让你更加强大、更加自信。

而这些，都是父母无法参与，也不会参与的。

因为这是你自己的人生，无论它顺遂也好，坎坷也罢，都是需要你自己去主导、自己去体会。

05

孩子，你是在为自己读书。

第三章
妈妈让你读书,是希望你有更多选择的权利

第三章
妈妈让你读书，是希望你有更多选择的权利

01

在微博上看到过一个小故事，印象颇深。

儿子问爸爸："爸爸，我们为什么要上学呢？"

爸爸是这样回答他的：

一棵小树，如果生长一年的话，只能用来做篱笆，或者当作柴火烧；如果这个树生长了十年，就可以用来当檩条，或者锹把、镐把；如果这棵树生长了二十年，那用处就大了，可以做房梁，可以做柱子，可以做家具；如果这棵树生长了一百年，仅仅是它的枝丫就可以拿来做上面的所有东西，而它巨大的树干，可以拿来做大船、做立柱，还可以用来做巨大的雕塑。

一个小孩儿，如果不上学，他可以去种地，也可以去放羊，但除了放羊和种地，他基本干不了别的工作；如果一个孩子小学毕业，他识字，也可以做简单的算术，就能去工地打工，也可以做个小商小贩；如果一个孩子中学毕业，学习深一些的理论，可以学简单的机械操作；如果一个孩子高中毕业，学习了更深的理论，就可以进行机械的维修和组装，甚至自己动手设计一些简单的东西；如果他上了大学，就能自己设计机械，还能从事高楼大厦、铁路桥梁的设计工作；如果再厉害一点，上了硕士、博士，很有可能发明出我们以前没有的东西，甚至推动整个文明的进步。

孩子，不管是当种地、放羊的人还是当设计师、发明家，都是靠自己的双手挣钱，活得堂堂正正，并无高低贵贱之别，但如果你不读书，你就只能种地、放羊。我不是说这样的工作不好，但你从事这样的工作，就只能局限在一个狭窄的圈子里，而你读的书越多，你能胜任的工作就越多，你可以选择的范围就越广，你所做出的贡献就越大。

我之所以对这个故事印象深刻，就是因为它告诉了我们一个道理：读书和学习，让一个人变得充实而有用，让一个人有了选择的权利。

02

一位作家曾经写道:"孩子,我要求你读书用功,不是因为我要你跟别人比成绩,而是因为,我希望你将来会拥有选择的权利,选择有意义、有时间的工作,而不是被迫谋生。当你的工作在你心中有意义,你就有成就感。当你的工作给你时间,不剥夺你的生活,你就有尊严。成就感和尊严,给你快乐。"

我看过那么多关于家长劝谏孩子读书的话,唯有这段,最戳人心。

孩子,即使妈妈多么不想,即使妈妈多么不忍,你也依旧会长大,依旧需要独自去面对这个社会,面对形形色色的人。你会被社会挑剔学历、挑剔能力,你会被周围的人议论,会被他们制定的标准去评价、裁判,甚至被强硬地划分到三六九等之中。

妈妈现在让你学习,只是希望:当你面对社会的时候,能有更多的资本、更雄厚的实力,去面对人们的质疑和责难;你能够按照自己的意愿,去做自己喜欢的事情,而不是迫于压力，只能在一个不感兴趣的岗位，每天忙忙碌碌，却连自己都不明白这样忙碌的生活意义何在。

　　孩子，你要相信，妈妈要求你读书、要求你努力学习，都是希望你未来能够按照自己的心意生活，妈妈为你做的一切，都是想让你快乐。

03

　　孩子，将来你走出校园，进入社会，到招聘会找工作时，可能会看到这样的招聘信息：

　　上海某证券公司招聘岗位：市场总监；招聘人数：1人；薪资待遇：3W/月（绩效奖金另算）；要求：经济、金融类专业博士及以上学历；具有自身的行业背景和丰富的人脉资源；有5年以上金融市场销售、产品开发和公共策划经验，3年以上基金或信托、银行、证券公司资产管理销售团队管理经验。

　　广州某数码公司招聘岗位：高级工程师；招聘人数：2人；薪资待遇：1.5W/月；要求：硕士及以上学历，计算机或相

第三章
妈妈让你读书，是希望你有更多选择的权利

关专业；三年以上软件开发工作经历并取得相关成就；熟悉数据库的设计及优化；了解互联网开发程序及方法。

北京某艺术公司招聘岗位：艺术总监；招聘人数：1人；薪资待遇：5W/月；要求：博士及以上学历，有海外留学经历者优先；有5年以上大型文化公司或广告公司工作经验，担任总监类职务3年以上；有独立指导或主导完成过大型品牌传播活动或大型舞台经历；有较高的艺术素养和大型企业艺术服务经历；有较高的团队协作能力并有帮助团队整体提高的培训能力。

这些招聘启事都有一些共同点：高工资、高待遇、高要求。

有多少人，看到那些招聘要求，连投递简历的资格都没有？

当你看到应聘要求就退却的时候，你可选择的范围，就要比别人少了很多。

孩子，妈妈真的不希望，在你进入社会的时候，看到自己心仪的工作，看到自己满意的待遇，却连投递简历的资格都没有，连竞争尝试一下的机会都没有。

孩子，妈妈让你努力读书，就是希望，在将来求职时，你能按照自己的爱好而不是自身的条件去挑选公司，能够面带

微笑充满自信地去应聘，能够给自己一个和别人平等竞争的机会。

孩子，妈妈不断地让你学习，就是希望在遥远的将来，是你自己选择工作，而不是工作选择你。

04

我认识一对双胞胎兄弟。

弟弟成绩中等偏上，考了本省一个普通的二本，老老实实念了四年的书，毕业后进了本市的一家公司，凭借着不错的业务以及交际能力，工作两年后就当上项目经理，进入公司中层，没用多长时间又靠着自己的积蓄在公司附近找了房子，付了首付，高高兴兴地搬了进去。

哥哥呢，则是个怪胎。他从小就对学习有着超乎寻常的兴趣，考试不是第一名就是第二名，上了高中后更是把一腔心思都花到了学习上，高考考出了在全省都数得上的名次，直接被国内一流的大学录取，还没等毕业就出了国，一直在国外念书。

第三章
妈妈让你读书，是希望你有更多选择的权利

弟弟大学毕业的时候，哥哥在国外忙着搞调查、做研究；弟弟找到工作的时候，哥哥忙着毕业论文；弟弟当上项目经理的时候，哥哥考了另外一所知名大学的研究生；弟弟付了房子首付的时候，哥哥研究生毕业又考了博士。

高考结束的时候，周围的邻居没有一个不是羡慕这家生了个好儿子，能被国内一流的学府录取，纷纷议论着哥哥多聪明、多了不起。

而四年之后，弟弟开始工作，邻居们谈论的风向却一点一点改变，依然是羡慕他家有个好儿子，但说的却不再是哥哥，而是乖巧孝顺工作能力又强的弟弟。哥哥当然也会被他们提起，但眼看着弟弟的房子都买了，哥哥还在学校念书，同龄人都已经结婚生子，他不仅没有一点积蓄，连一个正式工作都没有，很多时候还要父母接济。所以，邻居们说起他时大多会感叹：哥哥念书确实很厉害，但厉害又有什么用？既不能当饭吃，也不能当钱花，比不上他弟弟能干啊！

哥哥博士毕业后，国内几十家公司争着抢着要，为了能让哥哥在自己公司上班，有的公司开出了上百万年薪，这才跌破了所有人的眼镜。

再后来，弟弟在公司里和上司冲突，每天上班都要面对

上司的刁难，受一肚子气。他和家人抱怨，哥哥劝他跳槽，这家公司不满意换一家就是，弟弟叹口气："我要是和你一样，有足够的优势，那么多公司都抢着要我，随便选择哪个都能过得不错，我又何必一边受着气一边还要小心翼翼生怕别人抢了我项目经理的位子？我学习不如你，技术水平不如你，你有足够的底气可以和公司对着干，我没有啊！"

孩子，这就是我想告诉你的东西：你读书越多，就给你越多选择的机会和底气。

05

付出的努力越多，获得的成就越大，可供你选择的东西才越多。

所以孩子，不要害怕一时的吃苦，也不要害怕脱离现有的安逸。因为你只有努力了、付出了，取得了更好的成绩，你才有足够的资本，去吃自己想吃的食物，去看自己想看的风景，去买自己喜欢的东西，你才能拥有更多选择的权利。

第四章
读书是通向成功的唯一捷径

第四章
读书是通向成功的唯一捷径

01

某次放学后,我和一位家长聊天。

这位家长做餐饮起家,目前经营着四家店,算是标准的成功人士,奇特的是,他本人没上过一天学,但对孩子的学习特别重视。

聊到孩子学习的事情,家长感慨地说:"很多人都不太理解我为什么这么重视孩子上学的问题,他们对我说,你看你,从小没上过一天学,不也闯出一番名堂来了吗?可我心里明白,他们说的都是错的。

"他们光看到我现在的风光,觉得没文化也能当老板,但他们不知道我吃了多少没文化的亏。刚开始我做点小买卖,确实不需要太多的知识积累，只要肯干、能吃苦、有点小聪明，就能过得不错，但真正把产业做大之后，遇到的问题就不是光凭小聪明就能解决了的，那时候我才真正认识到读书和不读书之间的差距——很多当时让我愁得想要撞墙的问题，其解决办法在相关的专业书里面都明明白白地写着。不瞒您说，如果当时不是有朋友帮忙，他们给了我很多相关的建议，我是绝对取得不了现在的成就的。

"现在我也会找一些相关的书籍来看，但因为底子薄、积累浅，在眼光和大局观方面，和真正科班出身的人还是有着非常大的差距的。现学现用可以，但想再往深里面挖掘，想再往上走一步，将产业升级扩大，却几乎是不可能了。

"正因为有这样的经历，所以我看重孩子的教育，我不希望孩子步上我的老路，将他爸爸吃过的亏、经历过的困难，都再经历一遍。作为家长，当然是什么对孩子好，咱们选择什么。

"我经常对孩子说的一句话就是，读书不是成功的唯一途径，但它是唯一捷径。你现在努力学习，你才能比别人走得更快一点。"

第四章
读书是通向成功的唯一捷径

02

这位家长的话让我感慨良多。

我非常认同他说的那句话：读书不是成功的唯一途径，但它是唯一捷径。

为什么这么说呢？

首先，读书是我们最简单、最有效汲取他人智慧的方式。

如果你想了解风雨雷电的形成机制，你不需要同前人一样去花费漫长的时间去关注风雨的变化，也不需要冒着巨大的危险去收集雷电做研究，你只需要打开物理课本，就能得到解答。

如果你想知道不同的试剂混合到一起会发生什么变化，以及这些变化的原理，你不需要去找一个专门的实验室，也不需要购买昂贵的实验仪器，更不需要承担无数次实验失败的风险，你只需要打开化学类图书，就能找到其中的原理。

如果你想明白这世界上都有多少种生物，想探索自己未知的领域，你不需要冒着危险跑去密不透风的热带雨林采集树木标本，也不需要潜入只有专业人员才能进入的深海世界观察鱼类活动，更不需要去极地冰山挨冻受累进行考察，你只需要打开生物类图书，你想知道的都在里面。

同样的，你想了解数学、语文、地理等知识，不需要真的去一一做实验、做研究，只要找到相关的书籍，深入学习，就能明白其中的道理。

这样的方法，或许很生硬，或许很无趣，或许在研究到一定程度之后有着种种的限制，但你不可否认，对绝大多数人来说，这就是最简单、最直接、最有效并且是最安全的获取相关知识的办法。

如果将学习比作一次漫长的旅游，那么读书，就是一份最详细的攻略，给你设计了最人性化的路线，安排了最便宜舒适的旅馆，还标注了哪个饭店味道好花费少，顺便连你在路上搭哪辆车都写得清清楚楚。

其次，读书能让你学习别人成功的经验，也吸取别人失败的教训。

爱迪生用了28年时间，经历过1 500多次失败，才找出最适合的灯丝，但现在的人们，只需要花费几分钟，阅读两行文字，就能知道最适合做灯丝的是钨丝。

第四章
读书是通向成功的唯一捷径

从毕达哥拉斯到亚里士多德到哥伦布,人类用了几百年的时间,花费了无数心血甚至付出了生命的代价,才探索出"地球是圆的"这个理论,但只要你去街上随便问一个小孩儿地球的形状,他都会告诉你地球是个圆球。

知道这意味着什么吗?

这意味着,前人取得的成功,你能从中学习经验,在条件满足的情况下,你也一样能取得;他们遇到的失败,你吸收了教训,却不会再遇到。

这意味着,前人在探索过程中,付出的劳动、付出的脑力、付出的金钱和时间,你都不需要付出,但你却可以轻轻松松摘取他们胜利的果实。

甚至,在很多时候,当你遇到同前人一样的问题时,他们用血与泪换来的教训,费了无数脑细胞才想出的办法,你只要多读几行文字、多翻几页书本,就能直接拿来使用。

如果说,这个世界上真的有不需要任何投资却能获得巨大收获的行为,那么一定是读书。

最后,学历是个敲门砖,它不能决定里面的人能走多深多远,但它能决定外面的人能否进入门里面。

对于大多数的公司或企业来说,他们招聘员工,面对浩如烟海的简历以及应聘者,将所有人都调查清楚是根本不可能的,甚至想对他们的经历或者过往有个大概的印象也非常困难。所以,公司或者企业需要划定一个门槛,以划定自己招聘的目标人群。

那么,大部分公司是以什么标准来划定门槛呢?

是学历。

或许很现实,或许很无奈,但这就是现实。

在一个节目中,有"考研段子手"之称的张雪峰老师说:"在我的老家,有一个大学叫作齐齐哈尔大学,在北京有个学校叫北京科技大学,如果你有兴趣的话,可以在每年的9、10月份去看一看,什么样的企业到齐齐哈尔大学去招聘,什么样的企业到北京科技大学去招聘,再去看一看,什么样的企业到清华北大去招聘。这些企业去什么样的学校招聘,他们给这些学校的学生每个月开出多少钱的工资,你去看一看,你就能知道其中的差距究竟有多大。世界上几乎所有的500强企业都会告诉你学历不重要,但他们不会去齐齐哈尔大学招聘!"

张老师的这段话,很现实,也很朴实。他撕开了那层名为"鸡汤"的外衣,将里面血淋淋的现实展现给你看。

第四章
读书是通向成功的唯一捷径

是的,你可能很有能力,也可能很有野心,但当你拿着一张上面写着普通本科或者专科学历的简历去应聘的时候,那些真正的好单位、好企业,可能根本不给你笔试、面试的机会!

你想要发展,你想要资源,那么首先,你需要一个能够展示自己的平台,需要一个能让你施展能力、做出业绩的地方,但越是好的平台,对自己招聘的员工的学历要求就越高。

虽然很多企业的创建者都说过自己不看重学历,但正如张老师在节目中所说,真正好的企业,很少去普通的学校招聘!如果你听信了他们的话,没有深造学习,最后可能连他们招聘会的现场都进不去!

如果进入某个行业需要进入一扇门,那么学历便是这扇门的敲门砖,它并不能决定你将来的发展,也不能给你更多的成就,但它能让你众多的竞争者中,有更大的概率进入门里面。

03

李彦宏,创立了世界上第二大独立搜索引擎以及最大的

中文搜索引擎"百度",北大毕业;

俞敏洪,创建了驰名中外的"新东方",帮助无数人通过雅思、托福考试,完成梦想,北大毕业;

王强,"真格"基金合伙人,"新东方"三驾马车之一,北大毕业;

徐小平,与俞敏洪一起创立"新东方",后离开"新东方"创立"真格"基金,成为中国最厉害的投资人之一。

有趣的是,徐小平在北大读书期间,碰到了三个人,这三个人影响了他的人生,也改变了他以后的道路。

这三个人分别是——李彦宏、俞敏洪和王强。

这就是名人的关系网。

这就是名校的强大之处。

如果你是名校的学生,一些普通人可能一辈子都无法接触、只能在电视里看过的成功人士,就是你的同学、学长或者学弟学妹。

你可以接触他们,可以和他们谈论你的想法,可以和他们交朋友,当你步入社会,他们也会给你提建议、给你帮助。

这样优质的朋友圈资源,是普通学校毕业的学生难以企及的。

学习如同攀登高山,当你爬地得足够高、足够远,能与你并肩站立的,自然只有足够优秀、足够厉害的人。

你学习越好,你能够达到的层次才越高,你的人脉、你的朋友圈才会越优质。

04

你真的以为,你和名校学生之间的差别,只有高考的分数吗?

我曾在微博上看过一个短视频,是一个企业的面试官谈普通大学和名校的差距:

在我们问到应聘者英语水平的时候,普通学校的学生会说自己英语过了四级或者六级,但那些顶尖学校的学生,他们根本就不会用四六级来评判自己的英语水平,他们通常会把自己雅思、托福的成绩拿出来,以此来证明自己。

再比方说计算机水平,普通大学的应聘者大多数都在简历写着计算机二级,也就是刚刚开始学编程的水平,但我们技术部新招来的名校学生,已经可以说是精通计算机语言了，我们让他做一个简单的 app，他组织三四个人就能做出来，他身边的同学很多也都是这样子的。

还有，一些金融专业的学生，在应聘时很多都说自己在学校期间，根本没有时间，也没有渠道去接触外面的具体操作，但顶尖学校的同学，他们在大三、大四的时候已经参加了渣打、花旗、东亚等大型金融集团的实习，而且实习期最少是六个月。

学校的不同，导致了在入学之后，学习的进度不同、内容不同以及深度不同，学习的氛围也有所差距。越是好的学校，学习的进度越快，内容越多，程度越深，学习氛围越浓，学生之间的竞争意识也越明显。

我不止一次听过考上了清华、北大的学生抱怨自己在校学习的进度有多么紧张，抱怨老师讲课太深奥根本听不懂，抱怨每天泡图书馆泡到深夜，抱怨学习那么累还要参加各种活动、练习具体操作。

但即使这么抱怨，他们依旧在努力往前赶，因为周围的人都在拼命学习，你不努力，就要落在后面。

而和一些普通学校的学生接触时，他们很多都是"六十分万岁"的拥护者，每天上上课、睡睡觉，临近期末考试才开始自习,不求高分但求不挂科。当然,也有一部分学生每天督促自己,学习非常努力,但和顶尖高校相比,他们所占的比例还是太少了。

当初高考时分数的差距,并不会因为上了大学而渐渐变小,恰恰相反,是随着进入大学而逐渐拉大,最后到达难以追赶的程度。

所以,你要努力学习,让自己成为被追赶的那一个。

05

犹太民族是一个很神奇的民族。

在这个民族中,产生了20世纪对人类影响最深远的三个人——爱因斯坦、马克思以及弗洛伊德。

同样是这个民族,在2016年的世界十大富豪排行榜上,他们占了四个位置。

他们人口只占世界的0.2%,却获得过29%的诺贝尔奖。

好多人都好奇,是什么让这个民族这么成功?

——是学习。

有调查发现，平均每个犹太人每年读书64本，远远超过了其他的民族。犹太人爱读书的风气是一代传一代的，他们在孩子学习说话的时候就教他们念经书，等他们以认字的时候就会用糖果、蜂蜜等奖励孩子读书。

可以说，是读书让犹太人比别人更容易摘取成功的果实，也成就了他们的辉煌。

再贫穷的犹太人，也不会忽略孩子的教育和学习。因为他们知道，读书，才是他们成功的关键。

06

孩子，这个世界通向成功的道路千千万万，但我可以肯定地告诉你，在这些道路中，只有读书，才是唯一一条捷径。

第五章
从我的学生身上,我看到了读书真的能改变命运

第五章
从我的学生身上,我看到了读书真的能改变命运

01

读书不仅可以丰富一个人的人生,更能改变一个人的命运。

有着"国师"美誉的张艺谋导演曾经自述年轻时候的经历:

> 我21岁时,因为有一些文体特长被破例从农村招进陕西国棉八厂,因为我的出身不好,能进厂已经很不容易了。我在厂里当辅助工,主要从事清扫、搬运等工作,又要经常"掏地洞",清理堆积的棉花杂质,出来后,三层口罩里面的脸仍是黑的,工作很脏很累,却没什么技术。

业余时我喜欢看书,逮着什么看什么,喜欢中国古典小说,那时候能找到的书也少,《三国演义》《水浒传》《西游记》《隋唐演义》都一遍遍地看,至今对里面的人物还特别熟悉,它们对我的影响是潜移默化的。1998年导演歌剧《图兰朵》时,想到古典艺术、民族特色,心里涌起的很多是这些小说给我的感觉。

我学摄影是在1974年,因为工作之外的无聊,又不愿虚度青春,就想学点什么,后来觉得摄影不错,就买了照相机,又从图书室借了不少摄影方面的书,吴印咸的、薛子江的,人像摄影、灯光摄影,等等,凡是有关摄影的,都找来看。一些借来的书因为要还,就整本整本地抄,记得当时一本两寸来厚的《暗室技巧》,我抄完了大半本。

那时候对知识的理解没有现在这么明确,不愿混日子,觉得学摄影是个事儿,一个人在浑浑噩噩的氛围中把这当成了一种寄托。那时候我最大的想法,就是能到厂工会或宣传科当个"以工代干"的宣传干事。

如果不恢复高考,我可能真的会成为厂里写写画画的宣传干事,那时候年轻人想出路和现在不一样,除了入党、提干走政治这条路外,几乎没有别的选择。

第五章
从我的学生身上,我看到了读书真的能改变命运

1977年,高考在我还没来得及想时就溜过去了,等一揭榜,厂里一下子就考走了好几个,我不可能不受到触动。1978年再不考我就超龄了,直觉告诉我必须抓住这次改变命运的机会。我当时只有初中二年级的水平,学的那点东西又在"文革"中早忘光了,复习得再辛苦也没把握,于是往偏处想,报体育学院?自己个子矮,喜欢运动却又都是野路子,不行;美术学院?绘画基础不足。正在琢磨时,别人向我推荐了北京电影学院摄影系,说:"课都与摄影有关,你的片子拍得好,一定行。"

就这样,经过一番努力,我如愿以偿拿到了北京电影学院的录取通知书,那一刻,我知道自己的命运将随着新的知识、新的朋友和新的体制环境而改变。

后来,张艺谋从摄影系转到导演系,再后来,他拍出了《红高粱》《大红灯笼高高挂》《秋菊打官司》《活着》等脍炙人口的影视作品。

张艺谋说:"1978年考上电影学院,是我一生最大的命运改变。如果没有考上电影学院,如果没有获得这么宝贵的学习机会,如果没有读书,那么,我也许还是厂子里的一

个工人。可以说，正是读书才使得我成功，读书是我成功的基石。"

诚如他所言，读书和不懈的学习，改变了他一生的命运，让他从一个普普通通的工人，变成了人尽皆知的大导演。

当然，像张艺谋导演这样，生活工作起伏如此之大、改变如此之多的，毕竟还是少数，但对如你我这样的普通人而言，读书依旧是改变命运的方式之一。

02

我曾经的一个学生，就让我真真切切地认识到，读书真的能改变一个人的命运。

这个学生前两年回学校来看望老师，和我聊了很长的时间。

彼时的他精神矍铄，站在人群中有些意气风发的感觉，完全看不出刚入学时那种孤僻胆怯的样子。

他和我讲了很多自己的经历和感悟：

第五章
从我的学生身上,我看到了读书真的能改变命运

刚上高中的时候,我除了高兴,每天的压力还特别大。你可能不知道,我父母为了让我上学付出了多大的代价。

那时候我父亲没有太高的收入,他没有正式工作,给人打工赚点钱,今天在这个工地砌墙,明天就可能去了另外一个工地搬砖,那点工资养活我们一家三口也只能说是勉强糊口,我们家在村子里是出了名的穷。

从我有记忆起,我家除了过年时候,吃肉的次数两只手能数得过来;我妈很少上街闲逛,因为街上摆放的商品她买不起,不如不去;我爸不抽烟不喝酒,每天只是沉默地干活,别人玩牌打麻将他从来不去,因为没钱;我从小就知道不和父母提要求,别的孩子吵着要零食要玩具,我从来不要,因为不管是父母还是周围的环境都提醒我,我不能这么做,我没有任性的权利。

我读书一直很勤奋,不像别的孩子那样喜欢玩闹,平时只要没事我就喜欢看书,因此成绩一直很好,每次考试都是前几名。我爸妈对我说,只要我能一直保持这个成绩,他们就一直供我读书。

后来,我考上了咱们这里。

我上学的学费,是父母拿出了一辈子的积蓄,再加上借

遍了所有亲朋好友，一点一点地凑出来的。

虽然能够在自己喜欢的学校上学，但每天我都活在无形的压力之下——父母借来的钱，是他们的负担，同样也是我的负担。我还没有毕业，身上已经背了那么多的欠款，我渴望着将这些钱还清，但我知道现在的自己根本没有一点能力，只能更加努力地学习。

功夫不负有心人，我三年的苦读没有白费，总算是考上了一所全国排名在前的大学。

大学四年，我学到了很多。虽然同一所学校，所有的学生成绩都是差不太多的，但每个学生的水平差距还是非常大，像我这样只会读书其余事情都没怎么学习过的人，在起跑线上就比别人要靠后，但幸好，我有追赶他们的机会。

从入学开始，专业学习、研究、论文、实操，我几乎是从头开始学，但我肯努力，再加上学校得天独厚的学习条件，我一点点地追赶了过来。

凭借着这四年的积累，我大四毕业那年很容易就签了一家公司，工资待遇方面非常优厚，发展前景也不错。工作了几年之后，还贷、买房、结婚、生孩子，人生最重要的几件事情完成了一大半，虽然现在的我还在为房贷、车贷以

第五章
从我的学生身上,我看到了读书真的能改变命运

及自己的存款每日奔波,绝对算不上成功,更和有钱人差了十万八千里,但至少,我过上了和我父母完全不一样的生活。

我有稳定的工作,不再像父亲一样四处打工,只为赚一点微薄的薪水;我有一定的积蓄,不再像母亲一样喜欢上一件东西连价格都不敢询问;我有属于自己的时间,可以看看书、听听歌,而不是每时每刻都在发愁怎么赚钱、怎么养家;我有属于自己的娱乐,我会同家人一起去电影院看电影,去游乐场陪孩子过周末,而不是将自己作为一台机器,只会工作;我有足够明确的目标和对未来的规划,我清楚地知道自己想要什么,并且一步一步地去实现、去得到,而不是每天浑浑噩噩,自己都不知道自己活着是为了什么。

给我感触最深的,是有一年回老家,偶然听到邻居在教育自己的小孩:你要向隔壁叔叔学习,好好上学,将来考个好大学,也去大城市工作买房……

邻居和我是同龄人,真论起来比我还小几个月,他教育孩子的口吻,和小时候我妈教育我的口吻一模一样。我从来没想过,有一天自己会成为别人教育孩子的榜样,成为能够让别人羡慕追赶的人。

直到那时候我才发现,原来在不知不觉间,我已经超过

了周围人那么远的距离,远到他们无法追赶,只能将希望寄托在下一代。

我想到了我的孩子,虽然我也会要求他好好学习,但我更多的是希望他能提升自己,而不是同我邻居一样,硬性要求他一定要考多少分,一定要去大城市工作生活。

因为那些要求,我已经达到了。

可以说,我的孩子,从出生起,就比我邻居家的孩子背负的东西要少,起跑线也要更靠前。

而这些,都是我通过读书而获得的。

我时常想,如果我上学没有那么努力,成绩不是那么靠前,现在的我可能是什么样子?

可能同大多数辍学在家的人一样,随便找个地方打工,要么四处漂泊居无定所,要么一辈子都留在老家卖苦力,每天拼死拼活挣钱养家,步我父亲的后尘。

并不是我不想往好的地方想,但现实摆在面前,一个既没有权势又没有金钱的农村孩子,能做出的选择实在是太少了。但如果好好读书,考上一个好的大学,你就会发现,整个世界都变得宽广起来。

如果有人问我:你是不是真的热爱学习?我会发自内心

第五章
从我的学生身上,我看到了读书真的能改变命运

地告诉他:是的,我真的热爱学习。因为正是读书和学习,我才有了把握自己人生、决定自己命运的可能。

03

张艺谋的人生经历或许是特殊的,但我的学生的经历却并非独一份,它早已上演了千万遍:

学生可以通过读书,鲤鱼跃龙门,考上高校,毕业后成为社会精英;

工人可以通过读书,学习更先进更复杂的技术,提升自己的工艺水平,来获得更好的薪资待遇;

医生可以通过读书,更加深入地了解疾病,更好地解决患者的病情,得到人们的爱戴和赞誉;

老师可以通过读书,深入了解自己所教内容,以更为浅显易懂的方式教给学生,提升整体学生的成绩;

警察可以通过读书,了解犯罪分子的心理以及作案手法,更快地破解疑案。

孩子,你看,这世界上有这么多的人,都能够通过读书,

来改变自己的环境、改变自己的命运。

张艺谋只有一个，但如我、如你一样普通大众却有千千万万。

或许，我们无法像张艺谋导演一样，通过读书彻底改变自己的人生，从一个普普通通的工人变成世界知名的大导演，但我们可以同我的学生一样，通过读书，在某种程度上改变自己的命运，让自己有更好的生活。

第六章
孩子，你所憧憬和尊敬的，都是知识渊博的人

第六章
孩子,你所憧憬和尊敬的,都是知识渊博的人

01

2017年9月15日,中国"天眼之父"南仁东先生去世,享年72岁。

记得在微博看到这条消息的时候,整个首页一片静默,所有转发的人都在祝愿老爷子的在天之灵可以安息。

彼时正是几个明星相继爆出负面新闻的时候,家暴、经济纠纷……在那些新闻下面,对骂的、看热闹的、编段子嘲讽的,种种种种,不一而足,仿佛是菜市场一般,充满着喧嚣感。

看看那里,再反观大家面对南仁东先生去世的新闻时的表现,一是混乱喧闹,一是寂静肃穆,犹如两个极端。

无独有偶,"国学大师"季羡林先生去世的时候,也是全国哀悼,举国怀念。

是什么,造就了人们对待不同人群持有着完全不同的态度?

是因为,南仁东先生和季羡林先生,是真正的学者。

学者,即努力做学问的人。

理科学者,探寻科学奥秘,推动人类进步;文科学者,传承历史文化,弘扬民族精神。

如果没有这些真正的学者,没有这些努力钻研的人,今天的我们,将不会用上手机、电脑,也不会住上高楼大厦,更不会冬天烧暖气,夏天吹空调,舒适地享受一年四季。

如果没有一代一代真正的学者的努力,我们可能还过着最古老最原始的生活,每天种地打猎,钻木取火,能不能吃一顿饱饭、穿一件暖衣,都要看老天爷的心情。

人们对明星,只是喜爱他们表面的光鲜,而对南仁东这样的学者,才是发自内心地敬重。

02

人们尊重学者,是佩服他们学问的广博。

我的一个学生,因为一些关系,暑假的时候同家人去北京拜访了某位大学教授,回来特别兴奋地和我们描述他的所见所闻。他和我讲那位教授干净整洁的穿着,讲他别具匠心的房间布置,讲他出口成章的学问谈吐,他说那位教授身上有一种很特别的气质,优雅、谦虚、平易近人,和他讲话时,能够感觉到对方的专注和尊重,如春风拂面,如春雨润物。

我的学生说,那位教授,就是他一直梦想成为的那种人:有着渊博的知识,有着优雅的风度,有着谦虚的品格,以及对万事万物清晰透彻的认识。

当我们面对这样一位学者的时候,被他的学问和气质吸引在所难免。

我们很早的时候,就对学问深厚之人有着孺慕之情。

古人云:"谦谦君子,温润如玉。"可见,自古以来,人们便希望成为这样的人:如玉般有着深刻的内涵,却又光泽内敛,触手生温。

中央电视台的《朗读者》节目在刚刚推出来的时候就受到了大家的赞誉，被誉为综艺节目中的一股"清流"。当一位位在各行各业有影响力的人站在舞台上，用和缓的语调分享自己的经历并朗诵经典美文时，观众透过屏幕，仿佛接受了一次洗礼。

这是一档能让人"静"下来的节目。

而当我们感受着其中的文字之美、声音之美、生命之美时，又怎么会不被影响？怎能不对写出这样文字、有着这样人生经历的人产生敬佩和向往？

03

人们尊重学者，是欣赏他们骨子里的风雅。

女作家三毛喜欢写作和旅行，她既去过经济繁华的欧美各国，也去过偏远荒凉的沙漠，而无论走到哪里，她心里对美的喜爱与向往，从来没有改变过。

她曾记录下自己与丈夫荷西在撒哈拉沙漠定居时的生活：

第六章
孩子,你所憧憬和尊敬的,都是知识渊博的人

我常常分析自己,人,生下来被分到的阶级是很难再摆脱的。我的家,对撒哈威人来说,没有一样东西是必要的,而我,却脱不开这个枷锁,要使四周的环境复杂得跟从前一样。

慢慢地,我又步回过去的我了,也就是说,我又在风花雪月起来。

荷西上班去了,我就到家对面的垃圾场去拾破烂。

用旧的汽车外胎,我拾回来洗清洁,平放在席子上,里面填上一个红布坐垫,像一个鸟巢,谁来了也抢着坐。

深绿色的大水瓶,我抱回家来,上面插一丛怒放的野地荆棘,那感觉有一种强烈痛苦的诗意。

不同的汽水瓶,我买下小罐的油漆给它们厚厚地涂上印第安人似的图案和色彩。

骆驼的头骨早已放在书架上。我又逼着荷西用铁皮和玻璃做了一盏风灯。

快腐烂的羊皮,拾回来学撒哈威人先用盐,再涂"色伯"(明矾)硝出来,又是一张坐垫。

明明是荒凉落后的地方,明明是贫穷艰难的生活,但在

三毛笔下，却充满着生机和趣味，让看到的人们不禁心生向往。

就如同三毛所说，她的家，对挣扎在生存线上的当地居民来说，没有一样是有用的东西，但对于她而言，却缺少了一件都不行。

因为他们有着不同的生活态度，有着不同的审美格调，生活层次不同，自然有着不同的追求。

有一句这样的名言：假如你有两块面包，你要用其中一块去换一朵水仙花。

就算是只有两块面包，也要分出一半去换一朵水仙花，就算是最艰苦的环境下，也不忘去追求精神的享受。

人类对美与精神愉悦的追求，向来是孜孜不倦的。

这种追求，是刻在骨子里的，不因环境改变而消失，也不因生活困难而更改。

对那些勇于追求美好与愉悦的人，我们也会从心底佩服和欣赏他们。

04

人们尊重学者,是钦佩他们内心的强大。

王世襄先生是我很佩服的一位学者。

他是文物专家、鉴赏家、收藏家,还是一位"玩家",对不管是文物、字画,还是鸽子、鹰犬,都有深入的研究。他一生著作无数,让三教九流的玩意儿登上大雅之堂;他一直乐天知命,不论何种际遇都乐观以对。

王先生喜欢文物,收集的时候颇为不易,用他自己的话形容:"全北京城我到处跑,还跑到京东宝坻县(今天津市宝坻区)。大年三十晚上,在小店里睡觉。小店里春节很冷,没有火。我拿两只鞋鞋底对鞋底一扣,放到炕沿上当枕头。只有这样才能买到便宜的物件。"

王先生大部分文物,都是被他这样一件一件费尽千辛万苦收集起来的。

但是如此费尽心机收集起来的文物,其中的大部分,都被他捐献给了国家的博物馆。

中国的博物馆不少都接受过先生的馈赠。王世襄不愿这些东西留在自己手中独自玩赏，他只希望更多的人能够看到它们、欣赏它们。在捐赠文物的时候，先生说："只要从它获得了知识和欣赏的乐趣，就很满足了。遣送所得，问心无愧，便是圆满的结束。"在他看来，自己收藏的古董找到了它们应该待在的地方。

王世襄的人生经历，丰富到能写厚厚的一本书，书中的篇篇文字，都述说着这个人面对命运的睿智和乐观。

王先生能始终不被名利所惑，不被境遇所困，不被喜好所缚，皆因为他有着强大的内心。

因为内心的强大，所以不会被外物迷惑住双眼；因为内心的强大，所以不会被困难惊吓到灵魂；因为内心的强大，所以能永远直视心灵，永远不忘初心。

我敬佩王世襄先生，也一直渴望着自己以及所有人，能同先生一样，有一颗足够强大的内心。

05

人们尊重学者，是敬仰他们灵魂的高贵。

第六章
孩子，你所憧憬和尊敬的，都是知识渊博的人

20世纪40年代，钱学森已经是力学界、核物理学界的权威和现代航空与火箭技术的先驱，美国为他开出了优渥的条件，他本可以在美国过上富裕的生活，但当钱学森听到中华人民共和国成立的时候，毅然决然踏上了回国的路途。

经历了层层波折，钱学森终于回到祖国。当时中华人民共和国刚刚成立，百废待兴，很多前沿科学因为欧美国家的阻挠形成了科技壁垒，完全接触不到，同样也无法为钱学森提供足够好的实验条件。就是在那样艰苦的环境下，钱学森主持完成了"两弹一星"工程，使我国有了足够的实力去面对欧美各国的武力威胁。

早在20世纪50年代，钱学森就慷慨献出了《工程控制论》的万元稿酬，用以资助贫困学生；他曾先后获得两笔100万元的科学奖金，也全部捐出，用以治理沙漠；面对国防部第五研究院院长、第七机械工业部副部长、国防科委副主任等等实权官衔，他主动放弃；美国多次邀请他访美，并欲授予他美国科学院院士、美国工程院院士，均被他拒绝。他说："如果中国人民说我钱学森为祖国做了点事，那就是最高的奖项。"

正是因为有着这样一批热爱祖国、勇于付出、道德高尚

的人，我们才能从一个战火洗劫后一无所有的贫困国家，发展成为国富民强、在国际上拥有相当影响力的强国。

我们崇拜他们，我们敬重他们，既是感激他们为祖国、为人民做出的巨大贡献，更是敬佩他们有着高贵的灵魂。

06

在我们小时候，或许都曾经被家长询问过：你将来想成为什么样的人？

我们会回答：科学家、作家、医生、教师、文艺工作者……

那时候的我们从来没思考过，为什么要成为这样的人，只是单纯地觉得，他们很厉害，能够做很多别人做不到的事情，能够帮助很多人，我们也希望同他们一样。

其实，可能连我们自己都没有意识到，我们所憧憬和尊敬的，都是知识渊博的人。

第七章
读书哪有那么难？它本来就是一件有意思的事情

第七章
读书哪有那么难？它本来就是一件有意思的事情

01

我曾经问过很多孩子，他们中的很多人都认为，读书是一件既辛苦又无聊的事情，这些孩子甚至列举了无数个例子，以证明读书真的是一件很辛苦的事。

但台湾女作家林海音却有着截然不同的观点，她认为读书是一件十分令人享受的事情，不仅让人心情愉悦，而且使人沉迷难以自拔。

她在《窃读记》中写到自己小时候读书入迷，在书店"偷"书看的经历：

曾经有一天，我偶然走过书店的窗前，窗前刚好摆了几本慕名很久而无缘一读的名著,欲望推动着我,不由得走进书店,想打听一下它的价钱。也许是我太矮小了,不引人注意,竟没有人过来招呼,我就随便翻开一本摆在长桌上的书,慢慢读下去,读了一会儿仍没有人理会,而书中的故事已使我全神贯注,舍不得放下了。直到好大工夫,才过来一位店员,我赶忙合起书来递给他看,煞有其事似的问他价钱,我明知道,任何便宜价钱对于我都是枉然的,我绝没有多余的钱去买。

但是自此以后,我得了一条不费一文钱读书的门径。下课后急忙赶到这条"文化街",这里书店林立,使我有更多的机会。

一页,两页,我如饥饿的瘦狼,贪婪地吞读下去,我很快乐,也很惧怕这种窃读的滋味!有时一本书我要分别到几家书店去读完,比如当我觉得当时的环境已不适宜我再在这家书店站下去的话,我便要知趣地放下书,若无其事地走出去,然后再走入另一家。

我希望到顾客正多着的书店,就是因为那样可以把矮小的我挤进去,而不致被人注意。偶然进来看书的人虽然很多,但是像我这样常常光顾而从不买一本的,实在没有。因

第七章
读书哪有那么难？它本来就是一件有意思的事情

此我要把自己隐藏起来，真是像个小偷似的。有时我贴在一个大人的身边，仿佛我是与他同来的小妹妹或者女儿。

最令人开心的是下雨天，感谢雨水的灌溉，越是倾盆大雨我越高兴，因为那时我便有充足的理由在书店待下去。好像躲雨人偶然避雨到人家的屋檐下，你总不好意思赶走吧？我有时还要装着皱着眉头不时望着街心，好像说："这雨，害得我回不去了。"其实，我的心里是怎样高兴地喊着："再大些！再大些！"

每次从书店出来，我都像喝醉了酒似的，脑子被书中的人物所扰，踉踉跄跄，走路失去控制的能力。"明天早些来，可以全部看完了。"我告诉自己。想到明天仍可以占有书店的一角时，被快乐激动的忘形之躯，便险些撞到树干上去。

可是第二天走过几家书店都看不见那本书时，像在手中正看得起劲的书被人抢去一样，我暗暗焦急，并且诅咒地想：皆因没有钱，我不能占有读书的全部快乐，世上有钱的人这样多，他们把书买光了。

02

在林海音心中,读书是最快乐的事情。这种快乐,甚至凌驾于吃饭穿衣之上,那是心灵上的满足,可以让她抛开身边的一切沉迷其中。

其实,如林海音一样沉迷读书的经历我也有过。

小时候,我父亲的一位朋友家里有很多藏书,我至今还记得他家棕黄色的书柜,又高大又古朴,占据了整面墙壁,一直通到天花板上。他家的藏书也很丰富,涵盖了历史、人文、经济、哲学等种类。

自从我父亲带我去过他家一次后,我有事没事就跑过去,打着和他家孩子一起玩儿的名号,却经常跑到书柜前,找到自己喜欢的书籍,一坐就是半天。

明明是基础的方块字,明明是简单的词语,但组合在一起,就仿佛有魔力一般吸引了我的全部注意力,让我沉浸其中,忘却了外界的事情。

在当时的我眼中,父亲的朋友家简直就是天堂一般的存在。因为在那个书房里,那装满整面墙壁的书柜中,我体会到了从来没有过的快乐。

那时候的我,最大的梦想便是拥有一个自己的图书馆,然后在这个属于自己的图书馆里一直看书,直到天荒地老。

沉迷书中的我,也认为读书是世界上最令人愉悦的事情,是最极致的享受。

03

为什么很多孩子认为读书是一件非常无聊的事呢?

这是因为,他们还没有真正开始学习,没有体会到里面的趣味。

在《射雕英雄传》中,有这样一段故事:

黄蓉被人打伤,需要一灯大师出手救治,于是郭靖就带着她去找一灯大师,在路途上,两人遇到了一位独自在小屋中居住的黑衣女子瑛姑。

当两人进入小屋中的时候,瑛姑在干什么呢?

她在研究数术。

原来,瑛姑的恋人周伯通被黄蓉的父亲黄药师困在了桃花岛，桃花岛上到处都是机关，而且这些机关都和数术有关系，为了救自己的爱人出岛，瑛姑不得已之下，只能也开始学习这些东西。

但是连她自己都没想到，这些复杂的东西，一开始学习的时候很令人头疼，但一旦学了进去，就会让人沉迷其中，无法自拔。

黄蓉在临走时，给瑛姑留下了三道题。后来瑛姑找一灯大师报仇，黄蓉阻拦她，瑛姑武功要高过黄蓉，当即要打要杀，但黄蓉一句"你杀了我，谁给你解那三道算题呢"，却使她犹豫起来。

她明明知道解出那三道题对现在的她而言不仅没有裨益，甚至会拖延时间阻碍到她报仇，但因为沉迷数术，好奇之心迫使她非要听到答案，才会安心。

于是在黄蓉给她讲题的时候，她虽然面临非常急迫的事情，还是听完了三道题的答案。

瑛姑研习的数术，放到今天，就是很多大学生都必须学习的高等数学。

想一想，现在有多少学生，在进入大学后面对必修的高等数学哭爹喊娘，一边痛苦地翻着课本一边发微博、发朋友圈抱怨学习太痛苦？

然而，瑛姑在学习之后，却日渐沉迷，甚至为了三道题的答案，连报仇这样重要的事情都能放到旁边缓一缓。

沉迷于研究乐趣之中的并非瑛姑一人。

我看到过科学家夜以继日做研究，甚至连吃饭都忘记的报道；看到过教授聚精会神听讲座的照片；看到过学着们在研讨会上唇枪舌剑你来我往，只为论证自身观点的视频。

他们，都是体会到学习的快乐、体会过研究的乐趣的人。

其实，无论哪一门学科，都有着自己独特的魅力，只要你肯潜心钻研，只要你能体会到其中的乐趣，就一定会被它所吸引。

06

孩子，读书并不无聊，学习也并不无趣。

可能在你刚开始接触一本书、一门学科的时候，你会感觉很头痛，很烦躁，你会抗拒去阅读那些文字，会反感去学习那些知识，这些都是正常的反应，因为它们对你而言是陌生的,你以前从来没有接触过这些东西。

但你只要试着去接触它们,试着去理解它们,就会发现,不管是书中的文字还是学科知识,其实都是非常有趣的存在,在学习的过程中,你会渐渐被它们吸引,甚至会想要更加深刻地了解,更加深入地研究。

越是深奥复杂的东西,越是最开始令人头疼的知识,一旦入门,越是容易让人沉迷其中。

07

孩子,当你不带有任何敌视、反抗、厌恶的情绪,而是单纯地去读书、学习,你就会发现,读书真的是一件快乐的事情。

读史书,可以明兴替、知礼仪。在史书中,有英勇无敌的将军,有赤胆忠心的勇士,有倾国倾城的美女,有运筹帷幄的谋士,亦有鲜血流干的士兵和有苦盼亲人的妇女。在书中,有人不鸣则已,一鸣惊人;有人卧薪尝胆,只为雪耻;有人励精图治,心系苍生。以史为镜,我们看遍世间所有兴衰,反

第七章
读书哪有那么难？它本来就是一件有意思的事情

思自己的得失，可以更好地面对生活。

读文学，可以提升气质，增长见识。在文学书中，有"大江东去，浪淘尽，千古风流人物"的豪迈，有"衣带渐宽终不悔，为伊消得人憔悴"的深情，有"金风玉露一相逢，便胜却人间无数"的风流，亦有"倚门回首，却把青梅嗅"的娇羞。在书中，有江南如纱似雾的烟雨，有大漠直冲云霄的孤烟，有热带茂密绵延的丛林，也有高山常年不化的冰雪。通过读书，我们不仅可以领略世界各地的人物风情，还可以看遍人世百态，懂得为人处世之道。

读哲学，可以深化思考，升华灵魂。哲学让我们在凝视自己脚下土地的同时，也学会了仰望头顶的天空。在读哲学时，我们会不断地思考那些可能根本就没有答案的问题，但这并非没有意义，因为在思考的同时，我们对自己、对社会、对整个人类及世界，都有了更加深入、清晰的认识。

孩子，你看，书里面有这么多好玩的东西，有这么多有趣的事情，怎么会无聊，怎么会无趣呢？

现在的娱乐飞速发展，游戏、电影、电视剧、综艺节目等多种多样，让人眼花缭乱。在玩游戏或者看节目的时候，我们也会感觉很有趣，但这种有趣和读书又有很大不同。在看完影视剧或者玩完游戏之时，我们会很兴奋很快乐，但结束之后会生出一种巨大的空虚感，读书则不同，读书只会让我们更加充实，更加深刻。

有人说，腹有诗书气自华，事实也确实如此。读书让我们变得博学多知，变得内敛深刻，面对生活和社会，自然而然就有一套自己的处事原则，对万事万物也会看得更加清晰透彻。

越来越多的创业者以及成功人士去参加读书会，并且不断地号召人们多读书、读好书。事实已经证明，读书给人带来的改变是方方面面的。

读书，不仅仅是一种态度，更应该是一种生活方式。

第八章

孩子,加油!清华北大状元也是靠勤奋拼出来的!

第八章
孩子，加油！清华北大状元也是靠勤奋拼出来的！

01

我在学校当了几十年的语文老师和班主任，有幸和一批又一批优秀的孩子们度过了他们人生中最重要的阶段之一。这些孩子们中的一部分考入了不错的学校，甚至还有少数进入了清华、北大这样全国数一数二的名校。

对于这样的天之骄子们，人们自然会对他们产生向往和好奇，大家都想知道：他们是怎样考出那么高的分数的？

有人说，是因为他们比别人聪明，所以能一学就会；有人说，是因为他们天生优秀，所以即使不学也能考取高分成绩；也有人说，是因为他们本身就有学习的天赋，所以学习进度快别人几倍……各种猜测不一而足，久而久之，甚至产生了各种魔化版本，衍生了各种"传奇"。

几乎每个学校都曾经出现过一个或者几个这样的"传奇"人物：某某同学经常上课睡觉，下课玩游戏，但每次考试都是前几名；某某同学从来不做作业，也不学习，但高考的时候考入了一流的大学；某某同学天生聪明，过目不忘，只看过一次的课本就能倒背如流；某某同学沉迷网吧，平时都看不到人影，但考试成绩从来都高到离谱……

似乎，这些人就算是不学习，只凭借聪明的脑袋，也能考出一个普通人望尘莫及的高分数。

不只是好奇的学生，连很多家长都曾经问过我：那些考入一流学府的孩子们，他们是不是天生就比别人更加聪明？他们是不是所有的科目都一学就会？听说他们就算是不学习，考试的分数也比大多数学生要高，是不是真的？

02

是的，他们确实比一般的孩子要聪明。

同样的问题，有的学生需要反复强调，但有的学生却可

第八章
孩子，加油！清华北大状元也是靠勤奋拼出来的！

以举一反三。人与人之间存在着差异，这一点我们必须正视。

但那些取得成功的人，真的仅仅只是凭借着自己的聪明和天赋吗？

对这些取得高分成绩的人，我们看到的只是他们比别人更加突出的天赋，而往往忽略了，他们可能比普通人更加努力。

一位记者在采访美国的篮球明星科比时，问他："你是如何在这么短的时间内就成为顶尖的篮球运动员的呢？请问你是否有什么练习的诀窍？"科比微笑着回答他："你知道凌晨四点的洛杉矶是什么样子吗？"记者愣了一下，说不知道，科比接着说道："我知道，我经常看到。"

作为数一数二的篮球明星，科比相较于普通人而言有着更高的篮球天赋，他可能比别人跳得更高，跑得更快，投篮更准，这些天赋让他能够比普通人在篮球上有着更大的优势，但如果没有数十年如一日的刻苦训练，科比不可能仅凭借天赋就掌握打篮球的各种技巧，也不可能在球场上取得如此的成绩。

有篮球天赋的人很多，但科比却只有一个。

一个人取得成功的原因是方方面面的，天赋只占据其中的一部分，另外的则需要我们自己后天努力。

孩子们，你身边也一定存在着那些让你羡慕的人，他们可能数学比你好，语文学习比你轻松，一开口就是纯正的英语，但我们可以想一下，他们是从一出生就会做算术，就会背古诗，就会说英语吗？

不是的，他们能够有那样好的成绩，也是一点一点地通过学习获取的。

如果将人生比作一场赛跑，好的天赋只是让他们有一个更高的起点和更快的速度，但谁能够一直领先，却并不是单单凭借天赋就能够做到的。小学课本上龟兔赛跑的故事，已经将这个道理说得不能更清楚了。

任何人想要取得成绩，都是方方面面的因素决定的，有的人确实可以凭借天赋或者方法遥遥领先，但更多的人却需要付出辛苦和汗水。

03

我曾经教过一位人们眼中的"天才"学生，她凭借着极高的成绩被清华大学录取。某次她回学校看望我的时候，我

第八章
孩子,加油!清华北大状元也是靠勤奋拼出来的!

也曾问过她这个问题——你自己认为,是什么因素让你考出了如此高的成绩?是你的聪明、天赋、努力,还是正确的学习方法?

她想了想,最后肯定地说道:"我想,这些因素都有吧,没有足够的天赋和智慧,无法理解艰深的知识;没有正确的学习方法,只会在错误的道路上越走越远;没有勤奋和刻苦的努力,也不会考出今天的成绩。但如果非得在这些因素里选择一个的话,我觉得,成就我的,最主要的还是勤奋和努力。因为是勤奋和努力,让我变得越来越聪明,也让我找到了正确的学习方法。"

这个女生接着解释道:"虽然我高考的成绩不错,但刚开始入学的时候,我的基础并不好,在全班只能算是中下等,根本跟不上别人学习的进度。我只能比别人更努力,一遍又一遍地看书,渐渐地能够看懂一些知识,学习也不那么费力了。随着自己学习的知识增多,我的理解力和学习水平也逐渐地提高,学习起来就轻松多了。并且在不断的尝试和努力中,我也找到了适合自己的学习之法。可以说,我的学习天赋、我的学习方法,都是靠着努力才能够拥有的。"

诚如这位同学所说,对大部分人来说,聪明才智和勤奋努力不仅不冲突,反而是互相促进的。

因为只有依靠勤奋和努力，我们才能让自己学会更多的知识，而随着掌握的知识逐渐增多，我们的思维、我们的见识，都会随着一起增长，对所学知识的理解也会逐渐加深，因此，在面对这些知识的时候，我们才会从一开始的完全不明白变成后来的胸有成竹、游刃有余。

同样的，在学习的过程中，我们只有通过不断的努力和尝试，才能在众多的学习方法中找到最适合自己的那一种，进而加快学习的进度。

可以说，正是通过不断的努力，一个人的天赋才能正确地转化为他的聪明和才智。而且这个转化过程中，我们会思考，我们会创新，这些同样可以化为养料，让我们的天赋不断壮大，进而变得更加聪明。

04

或许很多人都听说过"一万小时理论"。

提出这个理论的专家认为，人们眼中的"天才"之所以能够达到别人达不到的成就，并不是他们的天赋要比别人高

第八章
孩子，加油！清华北大状元也是靠勤奋拼出来的！

出许多，而是因为他们付出了持续不断的努力。任何人想要获得成功，都需要经过至少一万个小时的学习和锻炼。

当然，"一万小时理论"并不是简简单单地重复学习和锻炼。

首先，我们花在学习和锻炼上的时间，必须是有效时间，而且至少是一万个小时。

所谓的"有效时间"，就是在学习的过程中，我们必须全神贯注地投入进去，不能胡思乱想，不能走神，眼中和心中必须只能有学习的知识。

而且，一万个小时，平均算下来，大概需要十年，平均每天三个小时。如果你想在三四年内完成，则需要每天至少学习十个小时，这其中甚至不包括吃饭喝水上厕所的时间。

其次，我们要走出自己的"舒适区"，不能停留在已经学会的知识层面上，而要不断地去学习新的东西，去进行更加困难的尝试。

只有勇于向更加困难、更加高深的知识发出挑战，我们才有可能超越自我，取得进步。而原本已经学会的知识和技能，即使经历过一万小时的复习，也依旧不能转化为新的知识，无法让自己变得更加充实。

"一万小时理论"适用于大多数的成功人士,几乎所有人都经历过持续不断的学习和努力,包括那些年纪轻轻就取得极高成就的"天才"们。

电脑奇才比尔·盖茨,从13岁时就开始学习编程,一直到20岁创建"微软"公司,这期间他学习的时间已经超过了一万小时。

音乐神童莫扎特,从6岁的时候就在父亲的指导下练习音乐,到21岁时写出最为著名的第九号钢琴协奏曲,这期间他练习的时间也超过了一万小时。

天才少年潘晖诺,从2岁就开始学习阅读,每次去图书馆都要借20本以上的数量的书,到他16岁考入哈佛大学,累计学习时间也已经超过了一万小时。

孩子你看,这些所谓的"天才",并不是他们不努力,而是他们努力的时候,你没有看到,等你看到他们的时候,他们已经取得耀眼的成就,名扬天下。

第八章
孩子,加油!清华北大状元也是靠勤奋拼出来的!

05

我在网上曾经看到过这样一句话:比你聪明的人还在努力,你有什么理由颓废下去呢?

也许,我们无法像那些"天才"一样取得万众瞩目的成就,但只要遵守"十万个小时理论",不断地努力和锻炼,我们同样能够不断地取得进步。

孩子,你现在正处于人生最好的年纪,有着足够的时间和勇气去为自己的未来定一个宏伟的目标,并且靠着勤奋和毅力去实现它们。

书山有路勤为径,学海无涯苦作舟。勤奋和刻苦,是每一个向着理想前进的人,最好的帮助。

或许你未必能考入一流的学府,或许你未必能成为成功人士,或许你未必能过上悠闲又富裕的生活。但是,孩子,只要你肯努力,肯付出,肯为自己美好的未来从现在起开始改变,你的生活一定会变得比现在更好,你也一定会距离自己的理想更近一步。